FSC
www.fsc.org
MIX
Paperi vastuul-
lisista lähteistä
Paper from
responsible sources
FSC® C105338

Kimmo Männikkö

Rakkauden soturi

Pelon rohkeus

Kannen suunnittelu: Kimmo Männikkö
Sisuksen taitto: Kimmo Männikkö

Kustantaja: BoD · Books on Demand,
Mannerheimintie 12 B, 00100 Helsinki, bod@bod.fi
Kirjapaino: Libri Plureos GmbH,
Friedensallee 273, 22763 Hampuri, Saksa

ISBN: 978-952-80-9532-3

Kuvitus

Kansi: Molemmat kuvat: Rostislav Kralik

Jalokivet: Rajesh Misra

Kaikki kuvat lähteestä: www.publicdomainpictures.net

Rokkeus

URHEUDEN RUUSU

SE KUKKII PELON VIIDAKOSSA
KUOLEMAN KULMAHAMPAIDEN VÄLISSÄ
TUOKSUEN ULJAUDEN MIRHAMILTA

SOTURI

OLKAPÄÄLLÄ USKALLUS, TOISELLA UHMA
KESKELLÄ JÄINEN VIILEYS

IKUISUUDEN HENGEN TÄYTEYS KEHOSSA
TULIVUOREN PURKAUS SYDÄMESSÄ
VAPAUTTA HENGITTÄEN

TAISTELU MINUSSA

HALKI SYVYYDEN SYÖKSYN

PELON SOISSA POLVIA MYÖTEN
KAHLAAN

ELÄN, HUKUN, HENGITÄN
TAAS

YHÄ UUDESTAAN

NOUSEN YLEMMÄS

KOHTI VAPAUTTA

Ikiaikainen

Pelko karjuu metsässä
kuiskailee ajatusten takana

Voima vetää puoleensa
kohtaamiseen ikiaikaiseen
läpi pensaikkojen
halki sammalkenttien
piiskaavien tuulien

Nenätysten tyhjyyden metsässä
silmästä silmään

Pehmeä hymy

Hiljentää huudon
sulattaa kauhun

Pelon haudassa
sydämen rauha

MIELEN KYYNEL

EN JAKSA, SEISON SILTI
HENGITÄN HILJAA
HUUDAN MIELESSÄNI

EI SUUNTAA, EI VALOA
ETEENPÄIN SILTI

MIELENI KYYNELEHTII, MURTUU

SULASSA RAUDASSA
HARPON ETEENPÄIN

LIEKKINÄ PIMEÄSSÄ
LOISTAN

PELKO

AAVISTUS KAUHUA

TULEVAISUUS ISKEYTYY HYÖKYAALTONA
TYÖNTÄÄ NURIN

ASKELEET TAKAA ISKEYTYVÄT TAJUNTAAN
VARJOISSA SILMÄT VILKKUVAT
PENSAISSA HENGITYS HUOKUU

KYLMÄ KOSKETUS NISKASSA
AUTIUS YMPÄRILLÄ
KIVIEN ERÄMAASSA
NIELEN PELON PALASIA

KÄDEN NÄLKÄ

VARJOJEN VÄLISSÄ
MIELEN PERUKOILLA
AJATUSTEN ÄÄRIRAJOILLA
LIIKKUU METALLINKYLMYYS

KUISKAUS PIMEÄSSÄ
KÄSITTÄMÄTTÖMIÄ SANOJA
KEHO VÄRISEE JOKA TAVUSTA
VARJO HIIPII SELÄSSÄ

VÄÄRISTYNEET KASVOT KYLMYYDESSÄ
KÄDEN NÄLKÄ KURISTAA
SE HUUTAA, NAURAA
JUOKSEE PERÄSSÄ

Kasvoton varjo

ASKELTESI REITIT
VÄÄRISTÄÄ PEILIN
KASVOTON VARJO
VAILLA NIMEÄ

SALAA KUISKIT
TAKAA NURKAN
ÄÄNESI, KUOLEVIEN VIRSI
SANAT KUIHTUU SEITTINÄ
HAURAUDEN HETKI
HIIPII PIILOON

HENKI

MESTARI

OPETAT JOUSTA JÄNNITTÄMÄÄN
TÄHTÄÄMÄÄN TARKASTI

LIIKKUMAAN PEURANA
LÄPI PELTOJEN

HIIPIMÄÄN SUTENA
METSÄN PIMEYDESSÄ
ISKEMÄÄN KARHUN RAIVOLLA
LÄPI VASTUSTUKSEN HENKIEN

ANNAT VIISAUDEN
ELÄMÄÄNI RAKKAUDEN

RUOKIT METSIEN VARASTOILLA
VAATETAT AURINGONLASKUN SAMETILLA

ELÄT SYDÄMESSÄNI, TEMPPELISSÄNI ASUSTAT

OLET VIISAUTENI, NEUVONANTAJANI
KILPENI TAISTELUISSA, ELÄMÄSSÄ

PARANNUKSEN AAMU

RAKKAUDEN SUMU
PEITTÄÄ ALLEEN MAAILMAN
EPÄMUODOSTUNEET KASVOT
SEN VERTAVUOTAVAT PIIRTEET,
KATKENNEET REPALEISET SIIVET

AAMU HELLIEN HOIVAA SÄTEILLÄÄN
SULKEE MAAILMAN KOHTUUNSA
LUOMAKUNNAN SYDÄNÄÄNET KAIKUVAT

TOTUUDEN OLEMUS

MINÄ OLEN SE MIKÄ OLEN
OMA ITSENI
MUU EI OLE TOTTA

ESITTÄMÄLLÄ VALEHTELEN
MUKAUTUMALLA VÄHENNÄN ITSEÄNI
TEEN ITSESTÄNI HALVAN
MITÄTTÖMÄN
TARKOITUKSEEN KELPAAMATTOMAN

KAIVAN SYVÄLLE SIELUUN,
SYVÄLLE SYDÄMEN HENKEEN
TOTUUDEN ITSESTÄNI
MIKÄ OLEN
MINKÄLAISEKSI TULEVAISUUS, HENKI
MINUT SYNNYTTÄÄ

KUU TEMPPELI

LÄPI KALPEUDEN SINEN
KATSOT

KURKISTAT TAKAA PILARIN
KYLMÄN, MUSTAN HAALEAN

ASTELET KOHTI
SILMILLÄSI SURUN HUNTU
SYDÄMESSÄSI HAUDAN KYLMYYS
ELÄMÄN LIEKIT KÄSISSÄSI

POLVISTUT ETEEN ELÄMÄN ALTTARIN
VUODATAT SYDÄMESI
MENNEISYYDEN VARJOIHIN
TULEVAISUUDEN PISAROIHIN

UINAHDUS

VAJOAT LÄPI UNEN KALVON
TAJUNNAN VALTAKUNTAAN

NUKUT LEVOLLISESTI
HENGEN KEHÄSSÄ
RAUHASSA HYMYILLEN

UINUT SYVÄLLÄ
TURVASSA MAAILMAN ISKUILTA
HENKIEN HÄIRINNÄLTÄ

TOISTELIJA

RAKKAUDEN SOTURI

TAISTELET TULI SUONISSASI
HENGEN SYKE SYDÄMESSÄSI
RAKKAUDEN MERKIT IHOLLASI
SANOJEN PEHMEYS HUULILLASI

RAIVAAT TIEN LÄPI PIMEÄN
JUOKSET LÄPI TOIVOTTOMUUDEN SUON
ASTELET VIHAN HEHKUVILLA HIILILLÄ

HYMYILLEN SIVALLAT RAKKAUDEN MIEKALLA
SYVÄLLE SYDÄMEEN
SIELUN UMPIKUJAAN ASTI

TAISTELU

KAADUN, NOUSEN UUDESTAAN
MIKÄÄN EI SAA MINUA LUOVUTTAMAAN

ISKET VIILTOJA
TAVOITAT TYHJYYTTÄ
TANSSIN KANGASTUKSENA MIELESSÄ

SIELUSI PAHIN PELKO
ELÄVÄNÄ EDESSÄSI

HENGEN SOTURI

SYDÄMEN TYHJYYS

YÖ KUISKAA NIMENI SALAISUUDEN
SÄRÖINEN SIELUNI LIEKKINÄ PALAA
KALMAN TIE HILJAA VÄRISEE

SYDÄMEN TYHJYYS
TAIVAAN KATVEESSA
VIIMEISEN HETKEN KYNTTILÄ
TUKAHTUU

KUOLEMAN SÄVEL
ASKEL TOISENSA JÄLKEEN
ITKEE PIMEYS MINUSSA

KIRKKAUTTA SILMIINI ANELEN

KASVU

LÄPI VAIKEUKSIEN POLTTAVIEN LIEKKIEN
YLI RAATELEVIEN ESTEIDEN

ASTELET HITAASTI

KIVUN KRUUNU PÄÄSSÄSI
TUSKAN ENKELIT HARTIOILLASI
VAELLAT ELÄMÄSSÄ

KIRKKAUDEN HOHTEESSA
ELÄT RAUHASSA
KYLVET KEHOSI VOIMASSA

KASVAT, VOIMISTUT, KUKOISTAT

KUOLEMA

Haudan neito

KUOLEMAN NEITO LÄHESTYY
MUSTA HYMY KALPEASSA NAAMASSA

TANSSIN HÄNTÄ KOHTI MIEKKA KOHOLLA

ASKEL ASKELEELTA

KOHTAAN NEIDON KOETTELEMUKSEN
PYÖRTEISSÄ

HYMYILEN JA ISKEN LÄVITSE
SUUTELEN NOUTAJAA POSKELLE

HÄNEN SORMENSA HIPAISEE
SUORTUVANI HARMAANTUU

PYÖRÄHDÄN, TYHJYYS EDESSÄNI
HUOKUU ELÄMÄÄ

SEITINOHUT

KIINNI ELÄMÄSSÄ
SEITIN OHUESTI

IRTI MAAN KAHLEISTA
VAPAA TUULESSA LENTÄMÄÄN
PÄÄ PYSTYSSÄ ELÄMÄÄN
KUOLEMAN KANSSA HYMYILEMÄÄN

KUOLEMAN KASTE

YÖNKRUUNU PÄÄSSÄNI
SEISON
RUUSUT KUIHTUVAT HILJAISUUDESSA

HOPEISET SORMENI
KUOLEMAN KASTAMAT
VÄRISEVÄT

YÖNVIITTA HILJAA HYMYILEE
KUMARTUU VASTEN POSKEANI
HALAA LÄMMÖLLÄ HALLAN

RAKKAUS

YHDESSÄ

RAKKAUS SITOO
VYÖTTÄÄ YHTEEN
KIINTYMYKSEN NUORALLA
TAIOILLA KOSKETUKSIEN

HUULIEN HELLITTELYLLÄ
SIVELYLLÄ KÄSIEN
LUOMME TOISIIMME YHTEYDEN
SYVÄN, IKUISEN

TAIKUUDEN IHO

HENGITYKSESI HUOKUU IHOLLANI HILJAISENA
TUULENA
JOKAINEN KOSKETUS, TULINEN SUUDELMA
TOINEN TODELLISUUS

HUULTESI PUNAINEN PÄIVÄNLASKU
HOUKUTTELEE, KUTSUU, ANTAA

HIUKSESI TUOKSUVAT MUISTOT
VÄRISYTTÄVÄT

SUUTELEN MAKEUTTASI
HUULILLESI PAINAUDUN

HENGITYKSESI HEHKU
TULINEN TAIKA

RÄJÄYTTÄÄ SYDÄMENI
TAJUNTANI
SIELUNI

TAIVAALLINEN HULLUUS

LÄMPIMÄT SANASI
KATSE, IKUISUUTEEN VENYVÄ HETKI

KOSKETUKSESI VIE YLI REUNAN
TAIVAALLISEEN HULLUUTEEN
ONNELLISUUTEEN ILMAN MIELTÄ

SINNE, TUONNE JA TAKAISIN
KAIKKI YHDESSÄ SANASSA, KOSKETUKSESSA